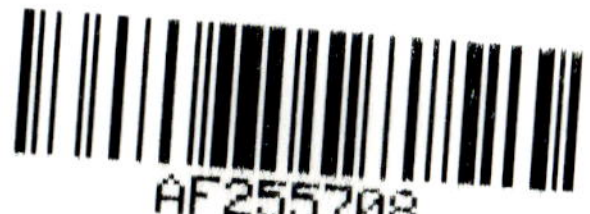
AF255708

www.ingramcontent.com/pod-product-compliance
Lightning Source LLC
Chambersburg PA
CBHW031434060726
47600CB00001B/4

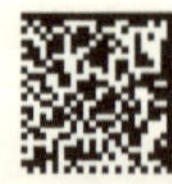
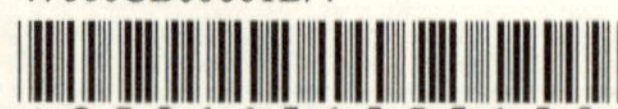